Du bist nicht verlassen
Gott ist Dir nahe in Wort und Tat

W0108711

Das Ewige Wort,
der Eine Gott, der Freie Geist,
spricht durch Gabriele,

so wie durch alle Gottespropheten –
Abraham, Hiob, Mose, Elia, Jesaja,
Jesus von Nazareth,
der Christus Gottes

Du bist
nicht verlassen

Gott ist Dir nahe
in Wort und Tat

Gabriele-Verlag
Das Wort

5. Auflage Juni 2022

© Gabriele-Verlag Das Wort GmbH
Max-Braun-Str. 2, 97828 Marktheidenfeld
Tel. 0049 (0)9391/504-135, Fax 504133
www.gabriele-verlag.com

Alle Rechte vorbehalten.

Druck: KlarDruck GmbH, Marktheidenfeld

ISBN 978-3-96446-300-5

Inhalt

Vorwort

Gott, der Ewige, ist uns näher als unsere Arme und Beine. Er ist das Leben, das Bewusstsein – Gott in uns.

Der Weg zu Gott besteht in der Erschließung des göttlichen Bewusstseins in unserem Inneren. Der Innere Pfad führt uns über die Selbsterkenntnis, über das Erkennen und Ablegen unserer menschlichen Fehler und Schwächen in einer schritt- und stufenweisen Entwicklung hin zum All-Bewusstsein, zur Einheit mit dem ewigen Ich Bin.

Im Sommer 1985 kam eine Gruppe von Christusfreunden zusammen, um sich eine Woche über ihre Erfahrungen auf dem Weg zum kosmischen Bewusstsein auszutauschen. Täglich offenbaren sich durch das Prophetische Wort Gott, unser ewiger Vater, und Christus, unser Erlöser, durch die Lehrprophetin und Botschafterin Gottes, Gabriele.

Der Christus-Gottes-Geist schenkte uns Menschen tiefste Belehrungen aus der All-Weisheit, praktische Hinweise für unser geistiges Voranschreiten auf dem Weg der Bewusstseinsevolution, auf dem wir zur Erfüllung der selbstlos gebenden Liebe, zum inneren Frieden gelangen, ohne den der Friede in der Welt nicht werden kann. Er gab Hilfen über Hilfen zum Erkennen dessen in

uns, was das Licht des Inneren, das gött-
liche Ur-Licht, noch daran hindert, voll
durch uns hindurchzustrahlen und uns
selbstlos tätig werden zu lassen.

Er lehrte den Umgang mit unseren all-
zumenschlichen Empfindungen und Ge-
danken sowie Möglichkeiten zur Bewäl-
tigung von Schwierigkeiten und Proble-
men, die uns Menschen noch belasten,
Wege zum Erkennen und Überwinden
von Bindungen an das Materielle und
an unser eigenes niederes Ich. Er zeigte
auf, wie wir Menschen in die Harmo-
nie des Inneren Lebens hineinwachsen
können, zum kosmischen Bewusstsein,
zur Geistigkeit. Daraus entspringt nach
dem Willen Gottes die rechte Tat.

Wer diese Wegweisungen des ewigen Geistes, der unser aller Vater ist, im täglichen Leben ernsthaft, konsequent und beharrlich verwirklicht, wird dem hohen Ziel näherkommen.

Wer bewusst tagtäglich nach den Gesetzen des ewigen Seins zu leben bestrebt ist, wird die Veredelung seines Empfindens, Denkens und Handelns erfahren. Er wird erleben, dass sein innerstes, ursprüngliches Wesen wieder licht- und kraftvoll und freudig zutage tritt und wirksam wird. Und wer die tiefen Offenbarungen Gottes an- und aufnimmt, wer sie befolgt und danach lebt, findet hierin eine Hilfe, um auf dem Inneren Weg hin zu Ihm rascher voranzuschreiten.

Die Offenbarungen aus dem Reich Gottes sind wahrhaft Juwelen, Geschenke unseres himmlischen Vaters und unseres Erlösers, Christus, für uns Menschen. Sie wurden zunächst zu einer kleinen Gruppe von Christusfreunden gesprochen, sind jedoch unvergängliche Schätze für alle wahrhaft Gottsuchenden auf dieser Erde. Durch die Veröffentlichung werden sie allen dargereicht, die aus der ewigen Quelle der Wahrheit, Weisheit und Liebe schöpfen möchten.

Gabriele-Verlag Das Wort

Worte unseres
himmlischen Vaters
am 24. August 1985

eine Söhne und Töchter!

Habt ihr euer Bewusstsein beständig zu Mir, dem Allgeist, erhoben, dann werden die noch bestehenden Schatten weichen, die euer Gemüt umwölken und euch oftmals schutzlos der Finsternis ausliefern.

Um das Bewusstsein, euer Bewusstsein, beständig bei Mir zu haben, sollt ihr alles, was ist, annehmen.

13

Im Annehmen liegt Größe.
Im Nehmen liegt Kleinlichkeit.

Im Nehmen ist die menschliche Art begründet, zu raffen und alles an sich zu ziehen, was dem Weltmenschen lieb und wert ist.

Wer Freud und Leid annehmen kann, der steht und lebt beständig im Lobpreis Meines Namens.

Die Lobpreisung Meines Namens ist die innere Freude, die Freude des werdenden Geistwesens, das Mich, den Allmächtigen, in allem erkennt, in allem bejaht und in allem annimmt.

Wenn du Mich auch in deiner Krankheit erkennst, in deiner Not, in deinen Sorgen und Problemen, und wenn du Mich in allem annimmst, Mich, den positiven Teil in dem, was du gegensätzlich nennst, so wird die positive Kraft, Ich, das allmächtige Leben, das Gegensätzliche aufnehmen und in das positive Leben umwandeln.

Erkennt, Meine Kinder, dass in allem auch die positive Kraft ist, auch dann, wenn es so scheinen mag, als wäre alles nur negativ, alles nur gegensätzlich.

Nur Gegensätzliches kann nicht bestehen. In allem Negativen ist auch die positive Kraft, der aktive Lebenskern. Die unbelastbare Kraft, Gott, möchte bewusst aktiv werden in Seele und Mensch.

Alles ist Energie.
Auch die Sorgen und Probleme sind Energiebündel in und um den Menschen.

Sobald der Mensch seine Schwierigkeiten annimmt, verstärkt er Mich, die positive Kraft. Ich, das Leben, werde sodann auch in euren Sorgen und Problemen aktiv und das positive Leben, Glück, Gesundheit und Wohlergehen, in Erscheinung treten lassen.

Es ist möglich, dass sich durch die Anhebung der positiven Kraft zuerst die
Sorgen, Probleme oder die Krankheit
verstärken. Es kommt darauf an, was
im seelischen Bereich vorliegt, wie
groß oder gering die noch vorhandene
Seelenschuld ist.

Wer jedoch trotz allem die auftretenden Schwierigkeiten und Schmerzen
annimmt, der erreicht das Stärkebe-
wusstsein. Er bejaht Mich in Leid und
Schmerz und in allen Lebensbereichen, ja in allen Lebensformen.
Das Annehmen und die Bejahung aller
Geschehnisse, Geschicke und Dinge
bewirkt innere Standfestigkeit.

Die Standfestigkeit beflügelt sodann den Entschluss im Menschen, alles nach Meinem Willen tun zu wollen und letzten Endes zu tun. Auf diese Weise wird der Gott zugewandte Mensch allbezogen und nicht mehr ichbezogen sein. Dann fällt allmählich das menschliche, kleine Ich von ihm ab, und das Ich Bin wird größer in ihm.

Je mehr also das kleine, niedere Ich abfällt, umso allgewaltiger und mächtiger wird Mein Ich Bin, Mein absolutes Bewusstsein, in Seele und Mensch. Das selbstlose, allgegenwärtige Ich Bin tritt sodann an die Stelle des niederen Ichs.

Daraus ergibt sich das absolute Empfinden, worauf sich sodann die Gedanken, die Worte und die Handlungsweisen des Gott Zugewandten aufbauen.

Dadurch findet die Seele zu ihrem göttlichen Ursprung zurück.

Wer in seinem Leben das Annehmen aller Geschicke und Dinge gelernt hat, der erlangt die innere Stärke und schaut das Ziel, das Christus in alle Seelen gelegt hat: Die Vereinigung mit Mir, dem höchsten Bewusstsein.

Wer das höchste Bewusstsein, Gott, erreichen möchte, muss alle Bewusstseinsaspekte in sich selbst, in seiner

Seele, erschließen. Er darf sie nicht nur anerkennen, sondern muss sie leben, das heißt im täglichen Leben erfüllen. Die Bewusstseinsaspekte sind die Essenz, die geistige Kraft in allen Lebensformen, in den Gestirnen, in den Natur- und Tierreichen, in allem Sein.

Verwirklichung ist also nur die Vorstufe zum wahren Leben, zum Erfülltsein.

Wahres Leben ist erfülltes Leben, ist Erfülltsein von Gott.
Wahres Leben ist nicht mehr Inspiration, sondern ist Göttlich-Sein, ist Gottgeeint-Sein.

Dann ist jede Empfindung, jeder Gedanke, jedes Wort und jede Handlung göttlichen Ursprungs. Das ist Leben aus dem Gesetz, Gott. Wer göttlich ist, fragt nicht. Er *ist*.

Und wer *ist*, in dem Bin Ich bewusst, und er ist bewusst in Mir. Und so ihr wahrlich in Mir seid, seid ihr eins mit allen Lebensformen und Lebensbereichen, eins mit der Unendlichkeit.

Für den, der bewusst in Mir lebt, besteht keine Trennung zwischen hier und dort, zwischen hüben und drüben. Er ist, weil Ich Bin. Er ist nicht hier und dort, nicht hüben und drüben, sondern eins mit dem All, mit der Unendlichkeit. Er ist in Mir, dem Leben, dem Geist. Er ist das Leben und die Fülle. Daraus ergibt sich das Erfülltsein.

Erkenne dich also als Mein Kind, das kosmische Kind, das nicht hier und nicht dort lebt, sondern allbewusst und somit in der Unendlichkeit.

Dann bist du nicht mehr erdgebunden, sondern frei, auch dann, wenn du noch im materiellen Kleid über diese Erde gehst.
Dieses Frei-Sein ist wieder Mein Sein.
Und wer in Mir lebt, der lebt in allem, und alles lebt in ihm.

Auf diese Weise erwacht in dir das Allbewusstsein, so dass du nur noch bewusst denkst und lebst, weil du wieder Geist aus Meinem Geiste bist, Bewusstsein.

Noch leben viele in der Erkenntnis der verschiedenen Bewusstseinsaspekte. Ihr nennt sie auch das Ober-, Unter- und Geistbewusstsein. Zwischen diesen Bewusstseinsaspekten bestehen im Wechsel der verschiedenen Denkmuster immer wieder neue Schichten, in die wiederum unterschiedliche Impulse einfließen können, je nachdem, wie der Einzelne empfindet und denkt, ob er Meinem Bewusstsein näher ist oder noch weit entfernt.

Lebt ihr jedoch bewusst, dann lebt ihr allbewusst, das heißt auf Mich ausgerichtet, also bewusstseinsbezogen, auf Mich, den Allbewussten, bezogen.

Das ist wahres Leben, das ist kosmisches Sein.

Wer in Mir lebt, der lebt bewusst in Mir, und Ich lebe bewusst durch ihn. Wer in Mir lebt, der lebt im Allbewusstsein und ist dadurch das All selbst, weil kein Unterschied in ihm besteht zwischen da und dort, zwischen hier und drüben.

Wer bewusst in Mir lebt, dem dienen die Kräfte der Unendlichkeit, da er sie bewusst anzusprechen gelernt hat.

Sie dienen dem höchsten, dem willens-
freien Geschöpf. Es sind die Elementarkräfte und die Naturkräfte, die noch
willensgebunden sind. Sie dienen dem
übergeordneten Leben, den Kindern
Gottes, die willensfrei sind.

Wer also allbewusst denkt und lebt,
steht über den Kräften der Gestirne,
über der kollektivgebundenen Natur
und den Tierreichen. Er steht über
allen erdgebundenen Seelen und Menschen.

Wer in Mir lebt, ist absolut, und wer
absolut ist, der ist in seinem Empfinden und Denken rein. Er ist allbewusst.

Meine Söhne und Töchter, nehmt euch Zeit, um über den Sinn Meiner Worte nachzudenken. Lebt sodann den Sinn, und ihr werdet zum Ich Bin werden, wieder göttlich, so, wie Ich euch schaue und geschaffen habe: absolut, wie Ich Bin, euer Vater in alle Ewigkeit.

Amen.

Worte unseres
himmlischen Vaters
am 25. August 1985

Erkenne dich, wer du bist, und nimm deinen Nächsten an, so, wie er ist; dann erkennst du ihn so, wie er tatsächlich ist.

Lasst diese Weisheit eures Vaters und Herrn tief in eure Herzen fallen!

Ich wiederhole:
Nehmt euren Nächsten an, so, wie er ist, dann erkennt ihr ihn, wie er tatsächlich ist.

Wenn ihr euch an eurem Nächsten erregt, seid ihr unfrei.
Wer sich über seinen Nächsten erregt,
kann ihn nicht annehmen, so, wie er
ist, da er sich selbst noch nicht erkennt
und sich daher auch selbst noch nicht
annehmen kann.
Könnt ihr euch selbst noch nicht annehmen, so könnt ihr auch euren Vater
nicht an- und aufnehmen.

Ihr seid euch selbst noch fremd, wie
kann dann euer Nächster euch nahe
sein? Wenn ihr euch selbst nicht erkennt und mit euch selbst noch im Unreinen seid, wie könnt ihr mit eurem
Nächsten ins Reine kommen?

Wenn ihr euch selbst nicht annehmt, euer wahres Wesen selbst nicht erkennt und dieses nicht bejaht und nicht dem Absoluten zustrebt, wie könnt ihr euren Nächsten an- und in euch aufnehmen, und womit wollt ihr ihm dienen?

Wenn ihr Gott nicht nahe seid, dann seid ihr auch eurem Nächsten nicht nahe. Ihr selbst seid euch wesensfremd, und daher ist euer Nächster euch auch wesensfremd.

Ihr könnt eurem Nächsten nur nahe sein und ihm dienen, wenn ihr Mir bewusst nahe seid, Mir, der Ich allen diene.

Lebt ihr also eurem Nächsten gegenüber noch auf Abstand, seid ihr in Gedanken und Empfindungen fern von Mir, so könnt ihr auch euren Nächsten nicht verstehen und auch nicht erkennen, wer er tatsächlich ist.

Solange ihr euch selbst noch fremd seid, wird auch euer Nächster euch fremd bleiben.

Diese Gesetzmäßigkeiten aus Meinem urewigen Gesetz kann wahrlich nur verstehen, wer sich dem Christusbewusstsein nähert.

Solange der Mensch noch mit sich selbst beschäftigt und mit sich selbst noch im Unreinen ist, kann er niemals Mein absolutes Gesetz, Mich, den Ur-Ewigen, in sich an- und aufnehmen und nach Meinem Gesetz leben. Dadurch ist es ihm auch nicht möglich, seinen Nächsten anzunehmen.

Wollt ihr Mein Gesetz, das absolute Gesetz, leben, dann müsst ihr auch in eurem Nächsten leben. Er darf von euch nicht getrennt sein, sondern er muss ein Teil eures Wesens sein. Ist er noch nicht ein Teil eures Wesens, dann seid ihr auch noch nicht in Meinem Gesetz, und ihr könnt auch euren Nächsten nur bedingt verstehen und ihm nur bedingt helfen.

Die wahren Akzente, die euer Nächster verbirgt, die Akkorde seiner Seele sind, die in ihm schwingen und die er selbst noch nicht erfassen und verstehen kann, könnt ihr so lange nicht erkennen, solange ihr noch unfrei seid, gebunden an eure Meinungen, an euer Ich.

So lange spielt euch euer Nächster eine ganz andere Melodie vor, die nichts mit seinem wahren Wesen zu tun hat. Erst wenn ihr diese Akzente, die seine Seelenakkorde sind, in euch selbst zum Schwingen bringt durch die Erinnerung an das von euch selbst Durchlebte, dann werdet ihr in die Tiefen eures Nächsten schauen und ihn so erkennen, wie er tatsächlich ist.

Was Ich euch offenbare, ist für einige unter euch noch neu und teilweise unverständlich.
Doch wie lange wollt ihr noch im Gesetz von Ursache und Wirkung verbleiben? Wie lange wollt ihr noch im Ober- und Unterbewusstsein, in der Einengung menschlichen Ichs, eure Akkorde spielen? Im Tal menschlichen Ichs werden unverständliche Melodien gespielt. Es sind die Meinungen und Vorstellungen des eingeengten Bewusstseins. Wie lange wollt ihr euch damit noch begnügen?

Sehet, viele kommen zu euch, um Aufklärung und Hilfe zu erbitten. Ihnen kann nur wahrhaft geholfen werden, wenn ihr euch selbst überwunden habt und frei von einengenden Meinungen und Vorstellungen seid.

Suchende sind in Erwartungshaltung. Seid ihr selbst unfrei, dann seid ihr selbst noch in Erwartungshaltung. Ihr könnt aus dem Schatz eures reichen Wissens nur wenig in die Seele eures Nächsten legen, da diese nach Weisheit und nicht nach Wissen dürstet.

Nach Wissen dürstet nur der Mensch, nicht die Seele. Habt ihr also wenig verwirklicht, dann ziehen sich nur zwei menschliche Pole an zur Kommunikation und Wissensübermittlung. Sie ergänzen sich nur wieder menschlich, doch geistig können sie sich kaum etwas geben.

Wollt ihr wahrlich dienen, wollt ihr wahrlich im Nächsten leben, dann müsst ihr euch herausheben aus dem Gesetz von Ursache und Wirkung.

Wer dem Christusbewusstsein nahe ist, der verspürt, dass die Teilkraft der Urkraft, die Erlöserkraft, sich mehr ins Urgesetz zurückzieht, weil die Erlösungszeit zu Ende geht.

Da dies so ist, gehen immer mehr Seelen zur Inkarnation, weil sie die letzten Möglichkeiten noch nützen, entweder, um in kurzer Zeit die Belastungen ihrer Seele zu tilgen, oder um noch einmal Menschliches zu durchleben, da sie mehr nach Irdischem als nach Geistigem hungern. Weil so viele stark belastete Seelen zur Inkarnation drängen, verfinstert sich die Erde immer mehr.

Je mehr die Teilkraft, die Erlöserkraft, von der Urkraft aufgenommen wird, umso mehr schwindet die vermehrte Gnadenzeit. Den verschatteten Seelen wird wohl aus der Urkraft gegeben, doch nicht mehr in der Fülle, in der sich die Erlöserkraft in der erhöhten Gnadenzeit verströmte.

Viele verspüren schon die absolute Kraft, die Urkraft, die vermehrt in die Zeit einströmt, weil die Erde die Umwandlung und Expansion erfahren wird.

Die Erde wird wiederum das Schicksal derer bestimmen, die an die Erde gebunden, die also erdverhaftet sind. Wohl dem, der es fassen kann!

Viele Seelen haben sich einverleibt, um mit Christus zu gehen und für Christus einzustehen. Die Teilkraft geht nach und nach in die Urkraft über, da die Erlösungszeit zu Ende geht. Bis die

Urkraft – auch Allkraft genannt – die Teilkraft, die Erlöserkraft, vollkommen aufgenommen hat, wirkt diese noch in den Bereichen, die von der Allkraft noch nicht ganz erfasst sind.

Die Allkraft wandelt die Teil- und Vollmaterie um und damit auch alle Reinigungsebenen. Sie bewirkt, dass das Urprinzip wiederhergestellt wird, das rein feinstoffliche, göttliche Leben. Bleiben Seelen erdgebunden, dann werden sie nach der Vollendung der Erlösung und nach der Auflösung von Zeit und Raum von der Urkraft bestrahlt und von dieser zu den Entwicklungsbereichen der Himmel geleitet, wo ihre geschädigten Strahlenkörper aufgebaut werden.

Sie werden so lange unter den geistigen Elementarkräften leben, vom Mineral bis hin zum Naturwesen, bis im Strahlungskörper wieder alle Substanzen der Unendlichkeit wirksam sind und der lichtschwache Geistkörper wieder zum vollkommenen Geistwesen geworden ist.

Dem Menschen ist immer wieder Zeit zum Nachdenken gegeben. Schicksalsschläge und dergleichen sind die Mahner, dass der Mensch zum Nachdenken angeregt werde.

Nützet die Zeit! Amen.

Worte unseres
himmlischen Vaters
am 26. August 1985

Wer in Mir lebt, der ist Licht aus Meinem Lichte und selbsttätig leuchtend.

Wer selbsttätig leuchtend geworden ist, wessen Seele rein und selbstlos geworden ist, der wird niemals allein und einsam sein.

Das in ihm brennende Licht, das in ihm selbsttätig leuchtende Leben, zieht immer wieder seinesgleichen an, Menschen und Wesen, die sich ebenfalls nach dem wahren Licht der Vollkommenheit sehnen. Sie bleiben mit denen in Verbindung, die ebenfalls das selbsttätige Leuchten anstreben oder schon selbsttätig leuchten.

Ich Bin das Licht; du bist das Licht. Willst du erkennen, ob du schon selbsttätig zu leuchten beginnst, dann blicke dich um: Wie viele Menschen und Wesen ziehst du an? Wie viele wollen in deiner Nähe sein, und wie viele sind selbstlos um dich?

Wie viele Menschen um dich sind, wie sie zu dir stehen, wie sie mit dir leben, das zeigt dein inneres Leuchten an.

Blicke in einen Spiegel. Betrachte dich, dein Spiegelbild, dein Antlitz.

Betrachte dich und schaue, ob und wie du lächelst.
Die selbstlose Liebe zeigt sich in einem natürlichen, strahlenden, selbstlosen, sanften, verständnis- und liebevollen Lächeln. Lächelst du von innen heraus, dann zieht ein Leuchten über dein Antlitz, und du wirst erkennen: Ich beginne in dir zu wirken.

Willst du dich weiter erkennen, so lausche auf deine eigenen Worte, was und wie du sprichst. Deine Worte und deine Rede zeigen, wer du bist.

Du selbst zeigst deiner Umwelt, ob der Geist, Ich, das Leben, durch dich leuchte oder ob sich noch dein niederes Ich darstellt.

Beobachte auch deine Gestik, deine Mimik und deine Bewegungen. Bist du in allem schwerfällig, ist dein ganzes Wesen noch disharmonisch, so musst du feststellen: du hast noch nicht die geistige Dynamik, die harmonisierende Geistkraft in dir so zum Fließen gebracht, dass dein ganzes Wesen Harmonie ist.

Der Geist Gottes ist beschwingt. Das Licht der Liebe ist Leben. Gott ist also Harmonie. Er ist alles in allem.

Ist dein Wesen anmutig und durchdrungen von Geistigkeit und innerer Flexibilität, dann weißt du: Ich, das Licht, leuchte in dir und durch dich.
Wer zum inneren Frieden gefunden hat, der beginnt, selbsttätig zu leuchten.

Menschen, die selbsttätig zu leuchten beginnen, werden, wie Ich offenbarte, nie allein und einsam sein.

Es ist in Meinem Gesetz begründet, dass Meine Kinder nicht allein und einsam sein sollen.
Lebst du jedoch in innerer und äußerer Einsamkeit, dann musst du dich fragen:

Was oder wer bist du noch, dass du nicht anziehend wirkst, dass du so lange allein, einsam und auf dich gestellt bist?

Erkenne dich:
Nur das selbsttätige Leuchten in und aus dir führt zur echten und tiefen Gemeinsamkeit und in der weiteren geistigen Entwicklung zur Dualität. Denn so wie oben, ähnlich soll es auch auf Erden werden, unter den Meinen.

Jeder möge sich prüfen, wo er steht!

Blickt also in einen Spiegel, betrachtet euer Lächeln.

Beobachtet euren Körperrhythmus.
Lauscht auf die Melodien eurer Worte.

Und blickt in eure Gedankenwelt:
Wer in Gedanken mit sich selbst beschäftigt ist, der ist noch umwölkt von
seinem niederen Ich. Damit deckt er
Mein Licht zu.

Je weniger Licht im Menschen ist,
umso mehr erstarrt er in und an sich
selbst. Der Mensch wird unbeweg-
lich, starr in seinen Meinungen und
intolerant.
Dringt jedoch Mein Licht verstärkt
in einen Menschen, so beginnt dieser
nach und nach selbsttätig zu leuchten.

Wer selbsttätig leuchtet, ist liebevoll, voller Anmut und Grazie.

Selbsttätig leuchten heißt:
Ich, das Licht der Seele, der Geist, durchstrahle weitgehend alle Lebenspartikel der Seele und die Zellen des Körpers.

Es gibt viele Möglichkeiten, die euch selbst erkennen lassen, wer ihr seid. Der Mensch sollte zuerst auf sich selbst blicken. Dann wird er seinen Nächsten im rechten Licht erkennen.

Wer selbsttätig zu leuchten beginnt, wer aus der Tiefe des wahren Ich Bin zu

lächeln vermag, in demjenigen leuchtet
es, und es leuchtet durch ihn.

Selbsttätiges Leuchten ist erfülltes
Leben in Mir.
Ein tiefes, selbstloses Lächeln ist Aus-
druck des inneren Leuchtens. Es bewirkt in der Seele des Nächsten Hoffnung und Zuversicht, denn jede Seele
sehnt sich nach Liebe, Frieden, Geborgenheit, Freiheit und Einheit.

Liebe, Friede, Geborgenheit, Freiheit
und Einheit sind die Urlebensprinzipien Meines Ich Bin. Sie sind Mein
Wesen, und Meine Urlebensprinzipien
habe Ich allen Meinen Kindern einge-

haucht. In jedem von euch Bin Ich, das absolute Urprinzip, Gott.

Wer von innen her leuchtet, wessen reine Seele also durch den Menschen schimmert, der bedarf nicht vieler Worte.

Ein sanftes, reines Lächeln, ein Leuchten der Seele durch das Äußere, erwärmt so manches Herz, so manche Seele in seinem Nächsten.

Wenn daraufhin auch der andere noch nicht auf euch zukommt, eventuell euch gegenüber reserviert und skeptisch bleibt – die Seele hat das selbstlose Leuchten, den selbstlosen Gruß aufgenommen. Dein Nächster wird noch auf dich zukommen – wenn nicht in dieser irdischen Daseinsform, dann als Seele oder in einem der weiteren Erdenleben. Denn jede Seele sehnt sich nach innerer Wärme und nach Glück. Jede Seele verspürt die selbstlose Liebe, den Frieden, die Harmonie und Einheit einer reinen Seele, die sie selbstlos angestrahlt hat.

Die Akzente Liebe, Friede, Geborgenheit, Freiheit und Einheit sind Akkorde Meines Wesens. Fragt also nicht: Wann wird der Nächste auf mich zukommen? Wann erkennt er das wahre Sein? – Bleibt selbstlos leuchtend!

Wer selbsttätig leuchtet, ist erfüllt, ist gleichsam angehoben und hineingetragen in das ewige Licht, das Ich Bin, und ist somit eins mit Mir, dem Licht.

Die Strahlen der Sonne berühren die Materie. Sie strahlen das Äußere an und bringen es zum Leuchten.

Habt ihr Mich in euch noch nicht zum Leuchten gebracht, ist Mein Licht also noch mit eurer Gedankenwelt umhangen, dann seid ihr noch auf die Worte und Gesten eures Nächsten angewiesen, der sich so im Äußeren mitteilt. Ihr könnt also sein wahres Wesen nicht erkennen, weil ihr im

Inneren selbst noch nicht zu Mir gefunden habt.

Wer in und mit der Materie lebt, wartet gleichsam darauf, bis sein Nächster ihn anstrahlt. Er wartet auf ein liebes Wort und eine liebe Geste.
Er braucht die äußere Strahlung, so wie die Materie die Strahlen der Sonne braucht, weil er noch nicht zu seinem Ursprung gefunden hat. Er ist auf seinen Nächsten angewiesen, auf sein Denken, Reden und Tun. Dadurch ist er gebunden.

Wer in und mit der Materie lebt, wartet also darauf, dass von außen das Licht zu ihm kommt, um ihn aufzumuntern und zu kräftigen.

Die äußere Stärkung ist nur zeitbedingt und nicht von Dauer. Menschen, die in und mit der Welt leben, sind immer mehr auf die Strahlung der Nächsten angewiesen, das heißt auf deren Zuspruch, auf deren liebevolle Worte und Gesten.

Menschen des Geistes befinden sich nicht in Erwartungshaltung.

Sie erwarten von ihrem Nächsten keine liebevollen Gesten, kein zärtliches Wort. Sie leuchten und strahlen in die Seele des Nächsten das Licht des Universums, Mich selbst.

Wer die Liebe ausstrahlt, wird immer wieder Liebe empfangen. Die Liebe des Nächsten wird ihn empfangen, ebenso zart und rein, wie er selbst gibt. Er wird nie einsam sein.

Wer auf das Äußere angewiesen ist, auf die guten, liebevollen Worte, auf das Lächeln seines Nächsten, der ist in Erwartungshaltung.

Wer in Erwartungshaltung ist, hat immer mehr Wünsche. Er nimmt immer mehr Bezug auf den Nächsten und erwartet von ihm, dass er gibt. Ein solcher Mensch sehnt sich immer mehr danach, von seinem Nächsten gute

Worte zu erhalten, Schmeicheleien und dergleichen. So wertet sich der geistig Arme auf – wieder durch geistig Arme.

Wer in Erwartungshaltung ist, ist geistig arm, und der, der dem anderen schmeichelt, ist noch ärmer. Beide sind aneinander gebunden und voneinander abhängig. Beide sind also arm im Geiste, weil sie arm an Licht sind.

Wer arm im Geiste ist, fällt in immer tiefere ichbezogene Zonen. Sein Bewusstsein engt sich ein, und er lebt nur noch in den Gedanken von „mein" und „mir".

Meine Kinder, nun habt ihr mehrere Maßstäbe, um euch selbst zu erkennen. Blickt in diese Spiegel!

Wer selbsttätig zu leuchten beginnt, der strahlt seinen Nächsten an, ohne viele Worte zu machen.
Damit bringt er seinem Mitbruder den Glanz Meiner Liebe, Mein Licht, das in ihm leuchtet. Wer selbsttätig zu leuchten beginnt, ist immer weniger auf den Nächsten angewiesen, dass dieser ihn mit schönen Worten, Gesten und Schmeicheleien anstrahle.

Wer selbsttätig zu leuchten beginnt, überwindet das Menschliche.

Geistige, reine Wesen geben, geben, geben. Das ist wahres Leben.

Wer in Mir lebt, hat die Fülle.
Er braucht nicht mehr zu warten, bis er dies und jenes bekommt. Er hat, was er benötigt, und bald darüber hinaus.

Wer also in Mir lebt, der gibt. Er fragt nicht, ob und wann er Gleiches, Ähnliches oder mehr empfangen wird. Er weiß, dass er es schon besitzt.

Wer rein geworden ist, ist sich bewusst, dass er universell ist und somit die Schätze des Universums in sich birgt. Ich Bin das Licht.

Wer in Meinem Lichte steht, ist das Licht. Du bist also das Licht, weil Ich das Licht Bin.

Was suchst du?
Was willst du?
Prüfe dich:

Was suchst du? Was willst du?
Erkenne darin dein Bewusstsein.
Erkenne dich, ob du Mir schon nahe bist oder noch fern.

Ich Bin das Licht. Du bist das Licht.
Denn du bist aus Mir und in Mir.

Amen.

Worte unseres
himmlischen Vaters
am 27. August 1985

Die selbstlose Liebe ist das unzerstörbare Band zwischen Vater und Kind.

Die selbstlose Liebe ist die Urkraft, aus der ihr hervorgegangen seid und zu der ihr wieder zurückfinden werdet durch Christus, Meinen Sohn, euren Erlöser. Um die selbstlose Liebe zu erlangen, damit ihr wieder im Urstrom des Alls leben könnt, also allbewusst, bedarf es der Mithilfe von euch selbst.

Ich habe Meinen Söhnen und Töchtern den freien Willen gegeben. Dadurch sind sie universell frei in Mir, dem Universellen Geist.

Meine Söhne und Töchter werden auch auf Erden als Menschen nicht gezwungen, Mein Gesetz zu befolgen.
Ich, der Geist, breche nicht den freien Willen Meiner Kinder.

Damit der Mensch sein Ich erkennt, wirkt das Gesetz von Ursache und Wirkung, von Saat und Ernte.
Es bewirkt, dass Seele und Mensch sich früher oder später erkennen werden und ihr Allzumenschliches bereuen,

um dann frei zu werden für Mich, den Geist.

Jeder wird so einst Meinen Willen bejahen und ihn erfüllen. Dazu bedarf es der Arbeit eines jeden Einzelnen an sich selbst.

Ich Bin die ewig selbstlos dienende Liebe.

Aus Meinem ewigen Bewusstsein empfangen Seele und Mensch so viel Kraft, wie der Mensch aufgrund seiner Verwirklichung annehmen und im Alltag gerecht anwenden möchte, um frei zu werden für das große Ganze, für das universelle Bewusstsein.

Meine Kinder, Ich offenbare: wie ihr annehmen und erfüllen möchtet – nicht, wie ihr annehmen und erfüllen könnt.

Annehmen könnt ihr Meine Liebe ganz. Das ist von einer zur anderen Stunde möglich, von einem zum anderen Augenblick, wenn ihr all eure Schwierigkeiten und Probleme Mir hinlegt und sie nicht mehr mit euren Empfindungen und Gedanken zurückholt.

Weshalb legt der Mensch seine Schwierigkeiten und Probleme Mir zu Füßen – und holt sie doch in Gedanken wieder zurück?

Er holt sie wieder zurück, weil er Mir nicht vertraut und sein Ich behalten möchte, um eventuell Trümpfe in dieser Welt auszuspielen. Er möchte seine Schwierigkeiten und Probleme, auch seine Krankheiten noch für manchen Zweck benutzen. Entweder will er Mitleid erzwingen oder seinen Nächsten damit unter Druck setzen oder sich damit aufwerten.

Diese und weitere Aspekte menschlichen Ichs bewirken, dass die Schwierigkeiten, Probleme und Krankheiten sich verstärken und nicht geringer werden, weil jeder Gedanke, der daran verwendet wird, Energie ist und den

Schwierigkeiten und Problemen neue Nahrung gibt.

Der Mensch hat Ausreden über Ausreden, um seine Schwierigkeiten, Sorgen und Krankheiten zu behalten – oftmals, wie offenbart, als Druckmittel gegenüber dem Nächsten.

Der Unwissende, der in seinen Problemen verbleibt, erkennt dabei nicht, dass er den Druck auf sich selbst ausübt, weil sich die Schwierigkeiten und Probleme verstärken, je öfter daran gedacht und darüber gesprochen wird. Das menschliche Ich hat viele Variationen, mit welchen es sich aufwerten möchte. Letzten Endes wertet sich damit der Mensch nur ab und begrenzt sein Bewusstsein.

Alle Gemütsschwankungen und Gemütsregungen bewirken nicht nur eine Bürde für eure eigene Seele, sondern auch euer Nächster wird damit konfrontiert und unangenehm berührt.

Auch die Schuldgefühle, über die der Mensch immer wieder spricht, sind nichts anderes als die Folge von Gesetzesübertretungen. Gebt sie hin, und beginnt in dem Augenblick, euch wieder geistig neu zu orientieren, dann werdet ihr frei und kraftvoll werden.

Selbstlose Liebe muss nicht leiden. Wer selbstlos liebt, der ist frei und schenkt auch seinem Nächsten die Freiheit.

Doch wer in der Eigenliebe verhaftet ist, der ist gebunden und versucht auch, seinen Nächsten an sich zu binden.

Erkennet das Gesetz, und nehmt es mit auf den Pfad zum Inneren Leben:

Liebt selbstlos, helft selbstlos, seid bereit, so viel zu geben, wie es euch kraft eures erschlossenen Bewusstseins möglich ist. Dann seid ihr frei.

Möchte dein Nächster von dir mehr wissen und mehr haben, als du ihm sagen und geben kannst, so sei offen und kläre ihn auf, dass das Sprechen über Gaben des Geistes nur dann sinnvoll ist, wenn der Fragende darauf geistigen Bezug nehmen kann. Rege ihn zum Beten und zur Verwirklichung der Gesetze an, so dass auch er Schritt für Schritt zur inneren Erleuchtung findet und so die tiefen Gesetze des Lebens annehmen, verstehen und verwirklichen kann.

Auch ist dir, dem Ratgeber, geboten, im Gebet den Nächsten zu tragen, damit er die Fülle in seiner Seele, sein geistiges Erbe, erkennt und es durch Verwirklichung antritt, um daraus zu schöpfen.

Wer täglich mehr selbstlos wird, geht Schritt für Schritt, ja mit Meilenstiefeln auf die innere Erfüllung zu und wird sie letzten Endes auch finden und erfüllt sein von Mir, dem Leben.
Wer in der Erfüllung lebt, lebt in Mir. Er ist glücklich und zufrieden. Das Erfülltsein eines Menschen bewirkt, dass er alle Dinge schaut und sie nach Meinem Gesetz richtig einzuordnen vermag. Die Fülle zeigt dem Erfüllten den Weg und öffnet ihm alle Perspektiven universellen Seins.

Wie oft sagt ihr, ihr wäret Kinder der Unendlichkeit – und fühlt euch doch erdgebunden. Ihr hört, dass ihr das Bewusstsein aussenden könnt, und doch fühlt ihr euch immer noch erdgebunden.

Kann der Mensch sein Bewusstsein aussenden, dann ist er gleichzeitig hier und dort, weil das Universum eine Einheit ist.

Wer im Gesetz lebt und wer aus der Fülle zu geben vermag, der ist universell bezogen, weil er im Gesetz ist – einerlei, welche Schwierigkeiten und Probleme auftreten, einerlei, welche Fragen ihm gestellt werden.

Nur der Mensch, die Hülle, ist erdverhaftet – der Geist im Menschen ist
universell.

Ist der Mensch vom Geiste Gottes
durchdrungen, dann lebt er universell – das heißt, sein Bewusstsein ist
nicht mehr an die Gedankenwelt des
menschlichen Ichs gebunden.
Diesem Menschen ist es sodann möglich, allbewusst zu leben. Sein Bewusstsein ist allbezogen. Das bedeutet, Gott,
das Allbewusstsein, empfindet und
denkt durch ihn.

Wer in Meinem Gesetz lebt, ist wieder
zum Gesetz geworden.

Die selbstlose Liebe bewirkt im Menschen das Erfülltsein. Der Mensch verspürt die unendliche Kraft, Gott, in sich.

Ist der Mensch erfüllt und durchdrungen von Meinem Gesetz, dann ist er das Gesetz selbst. Er lebt himmelwärts und ist somit bewusst teilhaftig des großen Ganzen. Er ist im Allbewusstsein, Gott.

Wer im Gesetz lebt, der ist in den Geist, das Leben, eingetaucht und in Ihm zu Hause, auch dann, wenn er noch im Erdenkleide ist.

Ihm ist die Macht und Kraft gegeben, sein Bewusstsein in die lichten, herrlichen Zonen zu senden, wo sein Wesen, sein gereinigter Geistleib, ewig zu Hause ist. Einem solchen Menschen strömt aus allen reinen Bereichen des Lebens nicht nur die Offenbarung des Ich Bin zu, sondern in seinem Bewusstsein wirkt die Allweisheit, das göttliche Allwissen. Dieser Mensch schöpft aus seinem erschlossenen Bewusstsein. Ihm öffnet sich auf vielfältige Art und Weise das geistige Leben, die Innenschau, die in Worten nicht wiederzugeben ist.

Worte sind begrenzt, doch die Allweisheit ist unbegrenztes, sich darbringendes Leben aus der göttlichen Weisheit.

Die Allweisheit kann nur in der Erfüllung erfahren werden, wenn der Mensch im absoluten Gesetz lebt.
Die Allweisheit ist die göttliche Intelligenz. Der Mensch weiß um die Wahrheit, da er in der Wahrheit, im Gesetz, lebt.

Wer noch körperbezogen, also weltbezogen, ist oder noch in der Verwirklichung lebt, muss erst die göttliche Allweisheit erringen. Das bedeutet Kampf mit sich selbst.

Meine Kinder, erkennt also die Größe in eurem Inneren und werdet allbewusst!

Meine selbstlose Liebe ist die Kraft in euch.

Die Kraft des Lebens ist euer Wesen. Werdet euch eurer Herkunft, eures Wesens bewusst!

Amen.

Worte unseres
himmlischen Vaters
am 28. August 1985

Nehmt alles dankbar an. Dann
werden Freude und Liebe bei
euch bleiben.

Nehmt ihr Sorgen, Probleme und Leid
dankbar an, dann werden sie von euch
weichen.

Im Dank liegt Kraft.
Rechtes Danken ist positives Leben.
Wer positiv empfindet, denkt und
spricht, der lebt, der dankt beständig.

Ihm dienen sodann die positiven Kräfte des Alls. Sie bewirken im Menschen Freude, Liebe, Harmonie, Zuversicht und Frieden. Sorgen, Probleme und Schwierigkeiten ziehen von ihm, da im rechten Danken kein Platz mehr für die Leiden und Sorgen dieser Welt ist.

Im Dank liegt Größe.
Rechtes Danken birgt das Vertrauen zu Gott, dass Er, das ewige Gesetz, alles zum Besten fügt.

Im Dank liegen auch Geborgenheit und Gottnähe.
Geborgenheit und Gottnähe bewirken wiederum Frieden.

Wer friedvoll ist, der ist auch liebevoll, der ist selbstlos. Gottes Geist wächst sodann aus dem Inneren des Menschen heraus.

Wie eine Rose verströmt der gotterfüllte Mensch den heiligen Duft des ewigen Ich Bin.

Im Dank liegen Hoffnung, Trost und Zuversicht.

Alle diese göttlichen Aspekte schenken dem Menschen Kraft und Mut zu weit größeren Taten im Geiste. Wer im Geiste ist und wer den Geist durch sich wirken lässt, der erweckt die Größe seiner Seele und wird weise im Geiste des Allmächtigen.

Geistige Größe bringt Abstand zum menschlichen Ich, zum ichbezogenen Denken, Fühlen und Wollen.

Rechtes Danken birgt auch die innere Stille.

Im rechten Herzensdanken ist die Selbstlosigkeit, die wiederum zur inneren Stille führt.
Wer nicht mehr möchte, als nur Gott gefallen, der ist still geworden. Er hat Abstand zur Welt gefunden, zum ichbezogenen Sinnen und Trachten.

Möge die Stille sich in und über euch ausbreiten!

Möge der Friede eure Seelen durchglühen!
Und möge die selbstlose Liebe die wal-
tende Kraft sein, die eure Seelen zu
höheren Bereichen führt, wo sie kraft-
volles Leben empfangen und dem Körper übermitteln kann.

Ich segne euch, auf dass Friede, Liebe,
Geborgenheit, Zuversicht, Hoffnung
und Selbstlosigkeit euer Wesen zieren.

Amen.

Die Gedanken und Worte der Menschen ziehen dorthin, woran sie noch gebunden sind.

Gott, unser ewiger Vater, gab Seinen Kindern den freien Willen. Er erhob sie zur Göttlichkeit und machte sie zu Seinen Ebenbildern.

Menschen, die sich noch nicht als das Ebenbild des Vaters erkennen, leben im Trugschluss, keine Kinder Gottes zu sein.

Dem Schöpfungsgedanken nach – auch Schöpfungsempfindung genannt – sind alle Menschen Ebenbilder des Vaters. Doch die Gedanken und Wünsche vieler bewegen sich oft noch unter den Lebensformen, die Ich die Elementarkräfte nenne.

Wer in seinem Bewusstsein noch unter den Elementarkräften der Steine, Pflanzen, Tiere und Naturwesen lebt, ist willensgebunden.

Alles Sein beruht auf Strahlung, auf Schwingung.
Die Summe aller gegensätzlichen Empfindungen – und in der weiteren Materialisation: der Gedanken – führte zur

Bildung des menschlichen Körpers.
Der Mensch ist Strahlung, also Schwingung.

Der Mensch ist somit ein Gedankenkörper, der entsprechend seiner Denk-, Rede- und Handlungsweise ausstrahlt.

Die Vibration, also die Schwingung des Menschen, ist die seiner Gedankenwelt. Denn so, wie er schwingt, ist er, und so, wie er empfindet und denkt, so lebt er.
So, wie er empfindet und denkt, so spricht er.
So, wie er empfindet, denkt und spricht, so handelt er.

Die Empfindungs- und Gedankenwelt des Menschen, seine Rede- und Handlungsweisen sind die Schwingung seines Ichs, sind das Gedankengebäude – sind also der Mensch, die Strahlung.

Meine geliebten Brüder und Schwestern!
Wohin also eure Empfindungen und Gedanken ziehen, welche Redeweisen ihr führt, das ist euer Wesen, daran seid ihr noch gebunden.

Gott gab Seinen Kindern den freien Willen. Wer den Willen Gottes nicht erfüllt, ist an sein eigenes Wollen gebunden. Er lebt ähnlich wie Steine und Pflanzen, die aufgrund ihrer Entwicklung noch ortsgebunden, also willensgebunden sind. Steine und Pflanzen sind willensgebunden, auch Tiere, die noch keine Teilseele haben. In diesen Elementarformen ist die Kindschaft noch nicht entwickelt.

Der Schöpferwille ist in diesen Formen noch elementar gebunden. Es ist der Geist Gottes in den vier geistigen Elementarkräften Ordnung, Wille, Weisheit und Ernst. Er wird auch der Elementargeist genannt. Die Weiterentwicklung der geistigen Formen hin zu den Eigenschaften Geduld, Liebe und Barmherzigkeit bewirkt in den sich entwickelnden Geistwesen das Vater-Mutter-Prinzip, die Ungebundenheit im Allbewusstsein.

Wer die Kindschaft erlangt hat, wer also in Gott, unserem Vater, lebt, der ist friedfertig, selbstlos und liebevoll. Er ist frei und ungebunden. Das heißt: Er ist nicht mehr an Meinungen, Wünsche, Sehnsüchte, Leidenschaften und dergleichen gebunden.

Die Kindschaft in Gott, unserem Vater, beinhaltet den freien Willen.

Wer in Gott frei geworden ist, wer bewusst in der Kindschaft lebt, der lebt in Freiheit und Einheit mit allem Sein.

Kein reines Geistwesen ist an Lebensformen und Elementarkräfte gebunden.

Das reine Geistwesen ist in allen Lebensbereichen zu Hause, weil es das Bewusstsein, das wahre Ich, auszusenden vermag.
Es gibt für das wahre Wesen weder Zeit noch Raum. Es ist bewusstseinsmäßig überall.

Menschen, die sich durch Empfindungen und Gedanken wieder an Menschen binden, sind willensgebunden.
Menschen, die sich an Hab und Gut binden, sind willensgebunden.

Menschen, die sich auf Menschen, auf deren Vorstellungen und Wünsche ausrichten, sie bejahen und danach leben, sind willensgebunden und unfrei. Sie sind also unfrei, wenn sie tun, was andere wollen.

Die Mineral- und Pflanzenreiche sind willensgebunden, da sie an Kollektive gebunden sind und somit auch an die Entwicklungsbereiche der Heimat.

Tiere, die durch die Kraft des Lebens belebt werden, sind ebenfalls willensgebunden, obwohl bei ihnen schon der freie Wille nach und nach wirksam wird auf Grund der Entwicklung.

Teilseelen von Tieren und auch Naturwesen sind an Reservate gebunden.
Sie tragen jedoch in sich schon den
sich entwickelnden Keim des freien
Willens. Elementarwesen – ihr nennt
sie auch Naturwesen –, welche die vier
geistigen Elementarkräfte, das heißt
die ersten vier geistigen Entwicklungs-
stufen, durchschritten haben, sind
ebenfalls willensgebunden. Sie sind,
wie schon offenbart, an die Reservate
gebunden, bis sie die Entwicklungs-
stufe zur Kindschaft erreicht haben.

Werden die sogenannten Naturwesen
zur Kindschaft Gottes erhoben, dann
werden sie willensfrei und ungebun-

den. Sie leben sodann im Einheitsbewusstsein des All-Geistes, da sie zu Kindern Gottes geworden sind.

Meine geliebten Brüder und Schwestern!
Überprüft eure Gedanken, wohin sie ziehen, in welchen Gedankenbereichen ihr lebt und schwingt, denn an diese Elementarstrukturen seid ihr noch gebunden. Solange sich die Freiheit in euch noch nicht entfaltet hat durch die entsprechende Ausrichtung auf die eine Kraft Gott, unseren Vater, seid ihr noch an die Elementarkräfte gebunden, an orts- oder reservatsgebundene Lebensformen.

Befindet ihr euch also noch im Embryonalzustand eurer Empfindungs- und Gedankenwelt, dann ist es für euch schwer zu erfassen, zu ergründen, aber auch zu bejahen, dass ihr Kinder Gottes seid im Bewusstsein des Vaters und somit absolut.

Wohin also eure Empfindungswelt tendiert, wo eure Gedankenwelt ist, dort werden einst eure Seelen sein. Von diesen Bereichen her empfangt ihr aber jetzt schon Impulse.
Seid ihr gedanklich an Menschen gebunden, dann versucht ihr, von diesen Kraft zu nehmen, sie ihnen gleichsam zu entziehen.

Leidet euer Nächster unter diesem Kräfteentzug, dann bedeutet es nicht nur für ihn, sondern auch für euch selbst eine geistige Stagnation und eventuell eine weitere Seelenbelastung – je nachdem, wie ihr denkt und handelt, welche Ursachen also dem Energiepotential zugrunde liegen.

Ist der Mensch an Hab und Gut gebunden, dann werden seine Kräfte dorthin ziehen und immer wieder mit diesen Kräften, mit dem Hab und Gut, kommunizieren.

Wer sich an Grund und Boden bindet, wer also spricht: „Das ist mein und nicht dein", der ist an diese Elementarbereiche gebunden und unfrei. Er lebt also orts- oder reservatsgebunden.

Wer sich an Menschen, Gegenstände oder Dinge bindet, je nachdem, wie weit der Einzelne gefallen ist, ist daran gebunden.

Diese Einengungen durch das menschliche Ich bewirken im Laufe der Erdenleben einer Seele deren Stagnation und Reserviertheit. Der Mensch kapselt sich ab, weil er nicht allbewusst lebt, nicht göttlich, sondern elementarbewusst, das heißt auf das Gegenständliche oder auch auf Menschen bezogen.

Solange der Mensch im Wunschdenken, in Sein-, Besitzen- und Habenwollen verstrickt ist, kann er das Gesetz, Gott, nicht anwenden. Er verarmt entweder in diesem oder in weiteren Erdenleben.

Je geringer das Licht Gottes im Menschen ist, umso ärmer ist der Mensch. Ist in ihm heute das Licht stark, ist er gesund, glücklich und reich, bindet er aber seinen Besitz an sich und betrachtet er diesen als nur sein Eigen, so wird er morgen arm sein, weil er verlieren wird, was er halten will, weil sich das Licht Gottes in ihm verringert, da Gott gebende Liebe ist.

Ist heute der Mensch reich, so kann er im nächsten Leben arm sein. Es kommt auf den Menschen an, wie er den irdischen Reichtum einsetzt. Zieht er ihn an sich, dann wird er ihn verlieren. Ist er bereit, ihn für das Allgemeinwohl einzusetzen, dann wird er sowohl im Inneren wie auch im Äußeren reich bleiben.

Was der Mensch halten will, wird er verlieren. Was er für das Allgemeinwohl einsetzt, wird er behalten und weit mehr dazubekommen.

Ist der Mensch nur auf sich bezogen, dann kommuniziert er nur mit seinen eigenen Kräften. So wird er keine weiteren aufbauenden Kräfte anziehen. Ganz im Gegenteil: Die Kraft, mit der er immer wieder neu Kontakt aufnimmt, mit der er in Kommunikation steht, wird nach und nach weichen.

Wer in den Bewusstseinsbereichen „mein" und „dein" lebt, wer mit diesen Bewusstseinsaspekten oder -anschauungen lebt, der kann keine Dynamik entwickeln. Er ist gebunden und unfrei. Die Folge sind Schicksalsschläge, weil sich die physische Lebenskraft und die Seelenkraft verringern. Sein geistiges Bewusstsein ist nicht sprühend und gebend; er ist ermüdet und erlahmt. Das Bewusstsein ist eingeengt und umwölkt von ichbezogenem Denken, von einengenden Ichbewusstseinsaspekten, die lauten: „mein" und „mir".

Wer diesseitsbezogen ist, kann niemals gottbewusst leben.

Wer diesseitsbezogen ist, ist auch elementarbezogen, somit an Gegenstände, Menschen, Meinungen und Vorstellungen der Menschen, an Sein-, Besitzen- und Habenwollen gebunden. Er ist also orts- oder reservatsgebunden. Er besitzt oftmals weniger Empfindungskraft als die Elementarwesen, welche die Pfleger der Natur sind, oder als die Seinsformen der Naturreiche.

Menschen, die elementar- und reservatsgebunden sind, sind willensgebunden. Sie pflegen nur sich selbst und ihre kleine Parzelle, das also, was ihre Gedankenstrahlung erreicht.

Meine Freunde, Ich habe euch noch vieles zu sagen. Ich führe euch zu eurer niederen Natur, auf dass ihr sie erkennt, und gleichzeitig führe Ich euch heraus zu eurem wahren Ich Bin, der Göttlichkeit im Menschen. Jedem wird gegeben, so wie er es fassen kann.
Lebt der Mensch ichbezogen, dann ist er willensgebunden.
Leben Seele und Mensch bewusst im Vaterbewusstsein, das heißt, im freien

Willen der Kinder Gottes, dann ist der Mensch willensfrei. Er lebt in Gott, und Gott lebt bewusst in ihm. Er sieht in allem Sein sein eigenes Leben, das wiederum in ihm ist. Denn alles, was ist, ist als Essenz in der Seele.

Wer in Gott lebt, wer seine Seele zu Gott erhoben hat, erkennt, dass der Vater und er eins sind. Aus seinem Inneren entströmt die Wahrheit, die aus der Verwirklichung kommt. In Worte umgesetzt, lautet sie: *Ich bin, denn der Vater und ich sind eins. Ich bin ein Kind Gottes.*
Wer nur die Kindschaft bejaht und noch nicht bewusst Kind geworden ist,

der hat noch eine Wegstrecke zu wandern, bis er die Absolutheit erreicht hat, bis er bewusst sprechen kann:
„Der Vater und ich sind eins.
Ich bin das Ich Bin,
ein Kind meines Vaters,
ein Sohn oder eine Tochter der Himmel, frei, im Allbewusstsein lebend,
nicht gebunden an den Elementarwillen, sondern frei im Kindschaftswillen,
frei in Gott."

Meinen Frieden brachte Ich euch. Den Frieden der Himmel lasse Ich euch. Denn nur im Frieden wächst die Erkenntnis und reift die Seele. Amen.

Christusworte
am 30. August 1985

Den Frieden der Himmel bringe Ich euch erneut, Meine Getreuen, Meine Freunde.

Der Tag geht zur Neige. Die Meinen versammeln sich erneut in Meinem Namen. Ihr habt euch wiederum zusammengefunden, um in eurem Inneren Mein Licht wachsen zu lassen durch Gebet und geistige Gespräche.

Erfahrt Mich, euren Erlöser, immer mehr in euch, denn Ich Bin das zentrale Licht eures Lebens.

Erkennt Mich auch in allen Situationen des Lebens, denn Ich Bin in allem das Leben und die Kraft – auch in jeder Situation.

Nichts ist, worin Ich nicht Bin.
In jeder Situation, auch wenn sie noch so unangenehm oder gar negativ ist, wirkt die positive Kraft, Mein Ich Bin. Wer Mich, das zentrale Licht, auch im Gegensätzlichen anzusprechen vermag, der ist Sieger über alle Lebenssituationen und ein Meister seines Schicksals.

In allem Gegensätzlichen ist auch die positive Kraft.

Wer sie im rechten Augenblick zu erkennen und anzusprechen vermag, der steht über den gegensätzlichen Geschehnissen und Dingen, die sich immer wieder im materiellen Bereich ergeben. So manche Situation könnte spontan gemeistert werden, wenn ihr euch sofort zu Mir bekennt, indem ihr in euer Inneres eintretet, wo Ich, das zentrale Licht, wohne.

Das Licht eurer Seelen ist der Geist. Je mehr Mein Licht in euch leuchtet, umso konzentrierter und bewusster lebt ihr. Die Unkonzentriertheit eures Äußeren und Inneren beruht oftmals auf einem falschen Empfinden und

Denken, auf veräußerlichten Anschauungen, ja auf Kräften, die nicht das Primäre erkennen und anerkennen: den Geist.

Solange ihr also im Äußeren lebt und auf die Welt baut, seid ihr auch veräußerlicht und unkonzentriert.
Die Unkonzentriertheit eures Wesens bewirkt, dass das Innere Licht nicht stetig zu leuchten vermag, so, wie ihr es letzten Endes wünscht, da ihr einen geistigen Schatz von reichhaltigem Wissen habt. Doch ihr wisst: Wissen ist noch nicht Weisheit.
Das Wissen ist angelesenes oder gehörtes Gut.

Göttliche Weisheit ist Verwirklichung, ist Erfüllung. Ist der Mensch von Meinem Geiste erfüllt, dann ist er wahrlich weise.

Wer nicht beständig bemüht ist, in seinem Inneren zu leben und aus der göttlichen Weisheit zu schöpfen, der reduziert auf vielfältige Art und Weise Mein Inneres Licht. Er verringert seine Lebensflamme, wodurch er nicht jede Situation zu meistern vermag, weil er zum Inneren Licht, zu seinem zentralen Punkt, keine beständige Verbindung hat.

Wer in Mir lebt, der wird die auftretenden Schwierigkeiten rechtzeitig erkennen und durch die Kraft Meines Lebens auch meistern.

Wer also die Schwierigkeit nicht rechtzeitig erkennt, der wird immer wieder darüber nachdenken und darüber sprechen. Auf diese Weise werden Schwierigkeiten oftmals zu Problemen, die jahre- oder jahrzehntelang nicht bewältigt werden.

Was nicht bewältigt ist, das ist im Unterbewusstsein oder in der Seele. Das wiederum führt zu weiteren Schwierigkeiten, Problemen, Krankheiten, Sorgen und Nöten.

Probleme, die lange anstehen, bedür-
fen oftmals einer langen Zeit, bis sie
der Mensch gelöst hat, weil sie sich im
Unterbewusstsein festgesetzt haben
oder schon in der Seele, in den Seelen-
partikeln, verzeichnet sind.

Ist das Problem bereits in die Seele ein-
gegangen, steht es also schon im Buch
des Lebens, dann ist es zu einer Ursache geworden und kann wieder zur
Wirkung kommen – außer der Mensch
erkennt sein Problem und ist gewillt, es
zu übergeben. Ist der Mensch gewillt,
seine Fehler und Schwächen Mir zu
übergeben, dann können sie in ihm
entweder ganz oder teilweise umge-
wandelt werden.

Die Ursachen können von dem Einzelnen nur rechtzeitig erkannt werden, wenn er auf Mich, den Geist, ausgerichtet ist.

Dann ist es ihm auch möglich, diese Mir zur Auflösung zu übergeben, bevor sie wirksam werden. Schwierigkeiten, die noch nicht zu Problemen geworden sind, haften als Schwingungen im Ober- und Unterbewusstsein.

Dem Menschen sind also seine Schwierigkeiten bewusst. Wenn er sie nicht rechtzeitig meistert, so erfolgt Gedanke auf Gedanke, Wort auf Wort. Das Ganze ergibt einen Komplex, den Ich die Ursache nenne, die wiederum ein

Problem ist. Die Ursache, das eventuell schwerwiegende Problem, geht sodann in die Seele ein, in das Buch des Lebens. Es kann dort lange Zeit latent liegen, bis es von der kosmischen Strahlung berührt, aufgewühlt und in Seele und Leib lebendig wird. Es zeigt sich in Schicksalsschlägen, Nöten, Krankheiten und Sorgen an.

Was der Mensch also gedacht und gesprochen hat, was er zur Ursache gemacht hat, fällt wieder auf ihn zurück. Gleiches oder Ähnliches muss er durchleiden.

Lasst also das Innere Licht bewusst strahlen!

Achtet und schätzt die innere Kraft, und bleibt beständig mit Mir, der All-kraft, in Verbindung. Nicht nur in Gedanken und Worten, so wie es zu Beginn des Weges, auf der Stufe der Ordnung, gelehrt wird. Sondern bleibt mit eurem Bewusstsein in Verbindung, durch beständiges Hineinempfinden in das göttliche Leben.

Das wiederum besagt:
Lebe in dir, und du lebst in der Welt gerecht.

Dann ruhst du in Gott, im wahren Leben, und Gott, das Leben, wirkt durch dich.

Dann kannst du auch verstehen, was es heißt: Ich Bin, und du bist in Mir.

Diese Worte, so sie lebendig werden, „Ich Bin, und du bist in Mir", sagen aus, dass Ich die Sprache des Bewusstseins Bin, auch Urempfindung genannt.

Das bedeutet:
Der Mensch, der in Mir lebt, wartet nicht mehr auf Intuition oder Inspiration. Er ist in Gott, und Gott ist in ihm. Er spricht die Sprache des Göttlichen, er spricht die Sprache seines erschlossenen Bewusstseins. Er lebt in der Urempfindung, in der Sprache des Geistes.

Meine Freunde, werdet zu Meinen bewussten Brüdern und Schwestern! Werdet zu bewussten Söhnen und Töchtern Gottes!
Werdet Meine Geschwister!

Wer Mich an- und aufgenommen hat und im Urgesetz lebt, der lebt wahrhaft, der lebt bewusst, der lebt die wahre Existenz seines Wesens, die Göttlichkeit.

Gott ist, und ihr seid das Licht aus Seinem Lichte und die Kraft aus Seiner Kraft. Ich Bin das Licht in euch, und ihr sollt mit Mir das Licht des Vaters in diese Welt tragen.

Ich grüße und segne euch aus den Bereichen des Inneren Lebens.

Ich lebe mit euch.
O gebt Mir täglich mehr die Möglichkeit, durch euch zu leben.

Mein Licht strahlt in euch.
Es möchte durch euch weit ausstrahlen und viele Menschen durchglühen, die willig sind, den Weg des Friedens und der Liebe zu gehen, Menschen, die bereit sind, allen Wesen und Menschen Mein Licht zu bringen, auf dass es werde auf Erden wie im Himmel.

Ich Bin das Licht. Amen.

Sei vernünftig, Mein Kind!
Die Vernunft ist die Vorstufe zur
selbstlosen Liebe.

Was du an deinem Nächsten bemän-
gelst und was dich dabei erregt, das
erkenne in und an dir selbst!
Richte nicht!

Sei zu dir selbst gerecht!
Erkenne dich, wie du tatsächlich bist,
und verschleiere dein Ich nicht vor dir

selbst durch Argumente und Entschul-
digungen, dass du eben so bist und
nicht anders.

Hast du dein Ich weitgehend bezwun-
gen, dann wirst du auch gegenüber
deinen Mitmenschen mildtätig und
verständnisvoll sein.
Denn durch die Selbstlosigkeit entwickelt sich sodann das Verständnis
für den Nächsten.
Du wirst auch zu dir gerecht werden;
dein Denken und Sprechen werden
eins sein.

Aus dem Verständnis geht die Vernunft hervor.

Du wirst vernünftig und besiehst vieles aufgrund der Selbsterforschung, die dich dazu führt, zu dir selbst gerecht zu sein.

Aus der „Selbst-Gerechtigkeit" entwickelt sich also das Verständnis, aus dem Verständnis die Vernunft, aus dem Verständnis und der Vernunft die Mildtätigkeit, und aus diesen drei Aspekten – Verständnis, Vernunft und Mildtätigkeit – die Sanftmut.

Hast du diese vier Aspekte entwickelt, dann wirst du sanftmütig und demütig von ganzem Herzen sein.

Das besagt jedoch nicht, dass du nicht ernsthaft sprichst, so wie Ich, der Ewige, aus der Wesenheit Meines Ernstes zu dir spreche, so es notwendig ist.

Mein Kind, übe dich also in der Vernunft:

Werde verständnisvoll gegenüber deinem Nächsten, mildtätig und sanftmütig!

Dir ist die Kraft zur Selbsterforschung gegeben, auf dass du all diese Aspekte entwickelst und so zu Meiner vollkommenen Liebe findest, die dein Wesen ist.

Gehe gegen das Selbstmitleid vor! Bekämpfe es.

Denn das Selbstmitleid zieht dich hinab in das Tal der Trauer und Verzagtheit.

Wünsche deinem Nächsten das Beste, Liebste und Schönste.

Dann wirst du mit der Zeit selbsttätig leuchtend werden.

Wer mit seinem Nächsten in Liebe verbunden ist, wird nie einsam sein.

Menschen gleicher Gesinnung werden zu dir finden und mit dir sein. Sie werden um dich sein und mit dir in Liebe leben und alles tragen, was es zu tragen gilt, auf Grund des Gesetzes von Ursache und Wirkung.

Siehe, die Gemeinsamkeit gleichgesinnter, selbstloser Menschen ist die Einheit in Meinem Geiste, das Gesetz der tragenden Liebe.

Wer selbstlos liebt, der hat wieder selbstlos Liebende um sich, denn Gleiches zieht immer wieder Gleiches an. So, wie du liebst und gibst, so wird dir gegeben.

Ist der Mensch jedoch nur auf sich selbst bezogen, ist er unvernünftig, verständnislos und selbstsüchtig, dann wird er allein und einsam sein, weil er alles abstößt, was ihm in selbstloser Liebe und Reinheit begegnen möchte, da er selbst im Denken, Fühlen und Wollen unrein ist, nur auf sich bezogen.

Erkenne dies, Mein Kind, erfahre es an und in dir selbst, dann weißt du, wer du bist, was du noch wünschst und was du noch zu vollbringen hast, um zur selbstlosen Liebe zu finden, um zu empfangen, was in Mir ist, in Mir, der gebenden Liebe.

Sei also vernünftig und tolerant!

Habe Verständnis und Mitgefühl deinem Nächsten gegenüber!
Dann wirst du selbstlos und niemals einsam und allein sein.

Erkenne Mich, den Helfenden, den Gebenden und Segnenden, den Geist, das Leben!

Amen.

Der Weg zu Mir führt über eure selbstgeschaffenen Hindernisse, über eure in diesem oder in Vorleben gesetzten Ursachen.

Wollt ihr wahrlich zu Mir, dem Leben, finden, dann sucht nicht nach den Ursachen, die noch verborgen sind, sondern erfasst jene mit Christus, die euch offenbar sind, dann werden sich die noch abgedeckten Hindernisse zu euren Gunsten verändern.

Wer seine Menschlichkeit, seine niedere Natur, mit Christus bekämpft, dem wird vieles noch nicht Offenbare genommen oder gemildert werden, das er einst verursacht hat.

Deshalb hinterfrage nicht Ursachen aus Vorleben, sondern gehe die Hindernisse, die dir nahezu offenbar sind, auf rechte Weise an.

Oftmals ist es nur ein unscheinbarer Gedanke, der aber ein Hindernis sein kann auf dem Weg zu Mir. Erfasse ihn und übergib Mir diesen Gedanken! Übergib ihn Mir rechtzeitig, auf dass er nicht zu einem Problem werde, das dich niederdrücken kann, wodurch du unter Umständen lange Zeit zu leiden hast.

Hast du Mir den immer wiederkehrenden Gedanken übergeben, dann wirst du erkennen, dass dieser eine Gedanke weitere Gedanken mit in seinen Bannkreis gezogen hat. Du wirst erkennen, dass der eine Gedanke nur die Spitze eines Gedankenkomplexes ist, der – unter Umständen, je nach Ursache – ein großes Hindernis auf dem Weg zu Mir sein kann. Bist du bereit, diesen einen Gedankenvagabunden Mir zu übergeben, dann wird dieser nach und nach alle anderen mit sich ziehen, die dich durch ihn beeinflussen wollen. Ihnen ist das kaum mehr möglich, da du den Hauptgedanken, den mächtigen Gedankenvagabunden, Mir übergeben hast – und ihn bei Mir, in Meinem Bewusstsein, zur Umwandlung belässt.

Ich wiederhole zu deinem besseren Verständnis, Mein Kind:
Es ist oftmals ein unscheinbarer Gedanke. Erkenne dich in ihm, und sei bereit, ihn Mir zu übergeben!
Hast du ihn Mir übergeben, dann wirst du eventuell die gesamten bestehenden Gedankenkomplexe entdecken und dich darin wiederum selbst erkennen: was du noch an Menschlichem an dir

hast und was du davon noch behalten möchtest.

Was der Mensch noch an Menschlichkeit behalten will, das ist nicht überwunden, das kann auch Ich nicht umwandeln, da Ich Meinen Kindern den freien Willen belasse, den Ich ihnen eingeatmet habe.

Wer also sein Ich behalten möchte, der verstärkt und vergrößert es dadurch. Früher oder später wird er entweder den gesamten Komplex menschlichen Ichs durchleiden müssen oder einen Teil davon – je nachdem, wie viel er Mir zur Umwandlung übergeben hat.

Dem Menschen werden auf dem Weg zu Mir viele Möglichkeiten gegeben, sein Ich zu überwinden.
Will er es behalten, dann wird er darunter leiden, und manches muss er durchleiden.

Erkenne, Mein Kind:
Im Überwinden der menschlichen Sehnsüchte und Leidenschaften, des menschlichen Ichs, ist nicht die Kasteiung angezeigt.
Das rechtzeitige Erkennen und Überwinden der Menschlichkeit kann unter Umständen durch kurzzeitiges Erleben ausklingen, nicht in der Kasteiung, im Verdrängen.

Wer jedoch sein Ich behalten will und nicht an sich arbeitet, der wird es immer wieder durchleben und zur gegebenen Zeit durchleiden.

Wer den Weg zu Mir in rechter Weise erkennt und auch beschreitet, der wird trotz seiner Mängel, trotz seines noch bestehenden niederen Ichs, freudig und selbstsicher auf dem Pfad zur Absolutheit wandeln.

Wer sich täglich gerecht bemüht, seine niedere Natur Mir zu übergeben, der verspürt, wie Ich, der Ewige, ihm beistehe.

Wer den Weg zu Mir getreu wandelt, der wird von Mir getragen.

Wer guten Willens ist und sein Ich bekämpft, jedoch aus seelischer Schwäche sein Menschliches Mir nicht von einem zum anderen Tag zu übergeben vermag, den trage und belebe Ich.

Dem Willigen stehe Ich bei, damit er seine niedere Natur Mir, Teil für Teil, zu übergeben vermag.
Wer sich jedoch nicht bemüht, sein Menschliches zu besiegen, wird es immer wieder ausleben wollen. Das Ausleben bewirkt einen schwingungsmäßigen Abfall in Seele und Mensch. Dadurch wird das Menschliche verstärkt, und die Wirkungen müssen eventuell durchlitten werden.

Alles, was der Mensch ausleben – das bedeutet auskosten – möchte, bringt Schwierigkeiten. Diese können zu Problemen werden, wenn sie nicht rechtzeitig erkannt und wiederum Mir, dem Ewigen, übergeben werden.

Vergrößert sich der Problemkomplex durch die Gedankentätigkeit des Menschen, die sich immer wieder auf dasselbe Problem bezieht, dann wird dieser schwingende Energiekomplex von der Seele aufgenommen.

In der Seele baut sich sodann die Ursache auf. Wann diese zum Tragen kommt und der Mensch sie eventuell zu durchleiden hat, das bestimmt die Konstellation der Planeten.

Jede Ursache ist eine feinerstoffliche Schwingung. Sie ist mit einer oder mehreren Planetenkonstellationen verbunden.

Werden eine oder mehrere Konstellationen wirksam, so wirken diese auf die gleichen oder ähnlichen Schwingungsgrade ein, auf die Ursächlichkeiten in der Seele des Menschen. Die Ursachen werden sodann zur Wirkung geführt, und der Mensch muss sie erdulden oder durchleiden.

Deshalb, o Kind, übergib Mir deine Menschlichkeit!

Alles, was du erkennst, was dich bedrückt, worüber du beständig nachsinnst, übergib es Mir – und werde frei, auf dass in deiner Seele die bestehenden Ursachen vermindert oder aufgehoben werden, bevor sie zur Auswirkung gelangen.

Erkenne also den Weg zu Mir!
Wer ihn wahrlich erkannt hat, der wird ihn freudig und dynamisch wandeln.

Wer sich auf Mich ausgerichtet hat, der hat immer weniger Geheimnisse. So wie vor Mir alles offenbar ist, wird er auch seinem Nächsten das offen darlegen, was ihn bedrückt oder was er gegen ihn hat, so dass sich die Freiheit der Seele mehr und mehr entfalten kann.

Eine echte und tiefe Gemeinschaft von Menschen, die miteinander den Pfad zu Mir, dem wahren Sein, gehen, ist segensreich, denn unter ihnen ist die Offenheit.

Jeder teilt sich jedem mit, so dass vieles schneller bereinigt und Mir übergeben werden kann, durch Gespräche und die Pflege geistigen Lebens.

Erkennt also, wie notwendig eine echte und tiefe Gemeinschaft ist!

Sie trägt und fördert zugleich. Im Tragen und Fördern des Einzelnen liegt auch das Fordern, das heißt, sie fordert euch, alles offen darzulegen, was noch als Hindernis auf dem Weg zu Mir gesehen wird und besteht.

Der Weg zu Mir, zu Meinem und eurem Bewusstsein, ist kein Leidensweg, sondern ein Weg innerer Freude, weil Ich, der Allmächtige in Meinem Sohn, für jeden von euch Verständnis habe.

Ich neigte und neige Mich durch die Teilkraft der Urkraft zu euch im Verständnis, was wiederum besagt: Ich gebe euch Zeit zum Erkennen und zum Erleben.

In einer bestimmten, vorgegebenen Zeit für das Erleben – nicht jedoch für das Ausleben – wirkt die Karenzzeit. Die Karenzzeit ist die erhöhte Gnade für alle willig suchenden und zu Mir strebenden Menschen. Sie gibt dem Menschen die Möglichkeit, durch erhöhte Energiezufuhr, die eine Anhebung des Bewusstseins bewirkt, in Kürze die Hürden und Hindernisse zu bewältigen.

Die Karenzzeit hüllt ein und schützt zugleich. Wer sie nützt, der wird in kurzer Zeit frei von den Belastungen, die nach Ablauf der Karenzzeit lange weiterbestehen könnten, weil Seele und Mensch wieder in ihr bisher erarbeitetes Bewusstsein zurückgleiten.

Die Karenzzeit birgt also Schutz, trägt den Menschen und hebt sein Bewusstsein an, so dass es ihm leichter fällt, die Probleme und Schwierigkeiten, die seine Hindernisse sind, Mir zu übergeben.

Die Karenzzeit ist von unterschiedlicher Dauer, je nach Belastung des Einzelnen und wie er an sich arbeitet – nachlässig oder konsequent.

Wer die Karenzzeit, den Schutz der Gnade, verstreichen lässt, das heißt, wer die Handreichung durch Christus nicht annimmt, muss manches durchleiden.

Wer sein Joch trägt und im Leid erstarkt, der hat ebenfalls abgetragen.

Das Durchleiden muss jedoch nicht sein, wenn der Mensch Mich, den Ewigen, annehmen und durch die Verwirklichung Meiner Gesetze aufnehmen würde.

Somit wirkt in der Karenzzeit die Gnadenzeit, in welcher der Mensch ohne große Schwierigkeiten das übergeben oder abtragen kann, was ihn auf dem Weg zu Mir behindert.

Jeder Einzelne entscheidet selbst: Entweder Übergeben oder Durchleiden. Auf welchem Pfad werdet ihr gehen, auf dem Pfad der Überwindung oder auf dem Weg des Durchleidens?

Jedes Meiner Kinder besitzt den freien Willen.

Somit kann jeder Einzelne selbst wählen, für oder wider:
Umwandlung durch Übergeben und Nicht-mehr-Vollziehen – oder Durchleiden.

Ich berühre euch mit Meiner Kraft, auf dass ihr zu weiteren Erkenntnissen gelangt.

Amen.

Worte unseres
himmlischen Vaters
am 1. September 1985

Mein Kind, wenn du weißt und erlebst, wer und was du bist, dann kann dir niemand und nichts etwas anhaben.
Jeder möge sich dieser Aussage bewusst werden und sich selbst noch einmal die Frage stellen:
Wer und was bin ich?

Ist euch bewusst, wer und was ihr seid, dann werden euch alle Kräfte der Unendlichkeit dienen.

Ist es euch jedoch nicht bewusst, wer oder was ihr seid, dann werden euch die Kräfte der Materie und die außerirdischen Kräfte übermannen.

Je nachdem, wo ihr gedanklich steht, von dort werdet ihr bestrahlt und beeinflusst werden.

Je nach eurer Denkweise zieht ihr Licht oder Finsternis an. Sind eure Gedanken licht, hell, freundlich, wohlwollend, liebevoll, selbstlos, dann werdet ihr lichte, selbstlose Wesen anziehen.

Sind eure Gedanken finster, brutal, rachsüchtig, zänkisch, urteilt und verurteilt ihr, dann werdet ihr finstere Gestalten anziehen – dunkle Seelen und Kräfte, die euch wiederum entsprechend beeinflussen.

Lichte Wesen senden lichte Empfindungen, lichte Schwingungen – und du wirst lichter, heller, freudiger und selbstloser.

Dunkle Kräfte, erdgebundene Seelen werden dich ebenfalls ihrem Wesen entsprechend beeinflussen. Dein Gemüt wird stumpfer; du wirst rachsüchtiger, begieriger; dein Wesen will zerstören und alles zunichte machen, was nicht in dein Denkmuster passt.

Entsprechend eurer Denk- und Handlungsweise werdet ihr also beeinflusst werden.

Steht ihr in der Absolutheit, in Meinem Gesetz, lebt ihr euer wahres und ewiges Bewusstsein, lebt ihr somit geistig, dann werden euch alle Kräfte der Unendlichkeit dienen, und die, die wider euch, wider Mich sind, haben keine Macht mehr über euch, da ihr sie weder in Empfindungen noch in Gedanken, Worten und Werken anerkennt.

Eure Empfindungs- und Gedankenwelt, das, was ihr anerkennt, entscheidet über euer Wohl und Wehe.

Wen und was erkennt ihr also an? Daran erkennt ihr euch selbst: wo ihr steht, was euch umgibt.

Was der Mensch liebt, seine Gedankenwelt oder das Gesetz, das ist er. Von diesen Kräften wird er entweder beeinflusst – oder getragen, sofern es Meine Kräfte sind.

Lebt ihr in der Welt und mit der Welt, dann wird die Welt euch beeinflussen. Lebt ihr in dem Spannungsfeld eurer positiven und negativen Gedanken, dann werdet ihr einmal von höheren Kräften geführt und dann wieder von niederen beeinflusst.

Dieses Spannungsfeld, das sich aufbaut, einmal aus eurem negativen, dann wieder positiven Denken und

Handeln, bedeutet eine Zerreißprobe für das Nervensystem des Menschen. Auf diese Weise lebt der Mensch im sogenannten Wechselbad zwischen dem Diesseits und den Astralwelten, zwischen Materie und Reinigungsbereichen.

Diese Wechselwirkung bewirkt beständige Disharmonie, weil der Mensch nicht weiß, wer er wahrlich ist: Mensch – oder Geist aus Meinem Geiste.

Ein schwankender, labiler Mensch gibt beständig Lebensenergien ab an diejenigen, die ihn beeinflussen: an Menschen und Seelen, je nachdem, woran er gedanklich gebunden ist.

Wer in diesen Spannungsfeldern lebt, erleidet also beständig einen Kräfteentzug. Zum Teil erlebt er das bewusst, in vielen Fällen jedoch unbewusst.

Ich gebe euch einen Maßstab für die Selbsterkenntnis:

Wenn ihr die Ausrichtung verliert, wenn ihr nicht mehr so recht wisst, wer oder was ihr seid, wenn ihr gedanklich einmal da und einmal dort hingezogen werdet, wenn ihr ermüdet, wenn Lustlosigkeit und Schwäche euren Körper zeichnen, dann ist dieser Kräfteentzug eingetreten. Die nicht absoluten Kräfte sind heruntertransformierte Kräfte, also Gegenkräfte.

Jede Gegenkraft versucht, euer Bewusstsein zu trüben und es zu überlagern, damit ihr nicht aus der Vollmacht Meines Geistes empfinden und sprechen könnt.

Die heruntertransformierten Gotteskräfte, die an die Materie gebunden und zu Gegensatzkräften umgestaltet wurden, sind bestrebt, alles zu trüben und zu überlagern, was geistig ist.

Seid wachsam, wenn ihr in der Welt lebt, an eurem Arbeitsplatz, dort, wo ihr hingestellt seid.

Bemüht euch, in allem das Gute zu sehen, dann könnt ihr wahrlich dienen.

Die Kräfte der Materie werden sodann keinen Einlass in euch finden. Ihr werdet, trotz aller Mühsal, gestärkt bleiben, da ihr in Mir lebt.

Seid also wachsam und unterzieht euch immer wieder der eigenen Prüfung:

Wer oder was bin ich?

Mit welcher Kraft wirke und arbeite ich?

Was ist der Inhalt meines Lebens?

Was möchte ich –
und was will der Herr?

Die Quelle fließt beständig.
Sie ist immer allgegenwärtig.

Sie belebt und nährt euch. Sie erfrischt und gibt euch Kraft, auf dass auch ihr geben könnt.

Seid euch Meiner Gegenwart bewusst!

Ich Bin die Stärke.
Meine Stärke lasse Ich euch.

Möget ihr gestärkt
die weiteren Schritte in Meinem Geiste vollziehen!

Amen.

Ein Frauenleben im Dienste des Ewigen

Mein Weg als Lehrprophetin und Botschafterin Gottes in dieser Zeitenwende Gabriele

Seit nahezu 50 Jahren dient Gabriele Gott, dem Ewigen, als Seine Lehrprophetin und Botschafterin.

In ihren autobiographischen Schilderungen gibt uns Gabriele einen lebendigen Einblick in ihren Werdegang als Mensch und ihre Berufung zur Prophetin Gottes, und was es bedeutet, in unserer Zeit Sein Wort, Seine Liebe und Weisheit auf die Erde zu bringen.

212 S., geb., Halbleinen
ISBN 978-3-89201-799-8. Best.-Nr. S 551

Die Zehn Gebote
GOTTES
&
Die Bergpredigt
des
Jesus von Nazareth

Die Zehn Gebote Gottes und die Bergpredigt des Jesus von Nazareth haben mit Religion nichts zu tun – sie sind Auszüge aus dem ewigen Gesetz der Gottes- und Nächstenliebe und für jeden Menschen gegeben, unabhängig von Kultur oder Nationalität.

Lesen Sie die Auslegungen zu den Zehn Geboten Gottes, erklärt mit den Worten der heutigen Zeit, sowie die Erklärungen, die Christus selbst zu den Lehren der Bergpredigt offenbarte, durch Gabriele, die Prophetin und Botschafterin Gottes in unserer Zeit.

212 S., geb., Leinen

ISBN 978-3-89201-802-5. Best.-Nr. S 182

Selbsterforschtes und Erlebtes

Lebensanweisungen und Hilfen

Gabriele sammelte auf dem Pfad der Gottesliebe durch eigene Erfahrungen tiefe Erkenntnisse, die sie in diesem wertvollen Kleinod in kurzen Abschnitten wiedergibt. Ihre Darlegungen sind praktische Regeln der Ethik, praktische Regeln menschlichen Verhaltens.

Dieses edel gestaltete Büchlein mit Leineneinband und Schmuckbuchstaben ist ein schönes Geschenk – für uns selbst und für Freunde und Bekannte.

88 S., geb., Leinen, Format 11 x 15,2 cm
ISBN 978-3-89201-587-1. Best.-Nr. S 305

Die Seele
auf ihrem Weg
zur
Vollendung

Durch Gabriele, die Prophetin und Botschafterin Gottes in unserer Zeit, offenbart der Christus Gottes Details über den Aufbau der ewigen Seinsschöpfung und unserer Seele.
Ausführlich erklärt Christus die sieben Bewusstseinsstufen der Seele – von der Ordnung über den Willen, die Weisheit, den Ernst bis zur Geduld, Liebe und Barmherzigkeit.
Diese Seelenstufen wieder zu aktivieren, ist die Aufgabe jeder Seele – hier auf der Erde oder in den jenseitigen Bereichen.

112 S., geb., Leinen
ISBN 978-3-89201-813-1. Best.-Nr. S 209

Fragen Sie nach weiteren Büchern
im handlichen Taschenformat.
Gerne übersenden wir Ihnen auch unser
aktuelles Gesamtverzeichnis sowie
Leseproben zu verschiedenen Themen.

Gabriele-Verlag Das Wort GmbH
Max-Braun-Str. 2, 97828 Marktheidenfeld
Tel. 0049 (9)391/504135
www.gabriele-verlag.com